경남시인선 210

달을 품다

정소란 시집

| 시인의 말 |

 새로운 만남에 대하여 나는 꽤 호의적이다. 그 만남에 대해서 가슴이 두근거리고 기대를 할 뿐 어떤 대화를 어떻게 할지를 고민한 적은 없다. 그동안 많은 인연을 맺어 오면서 느끼고 깨우친 하나는 어떤 준비된 말보다는 그 사람을 만나기 위한 가장 진실된 자세가 약속을 잘 지키기, 밝고 유쾌한 낯빛이면 충분하다는 것이다. 물론 그렇지 않은 상황을 빼고.
 어떤 주제를 가지고 유창하게 얘기로 하기보다는 말문이 막히면 막히는 대로, 침묵이 흐르면 흐르는 대로 그냥 그 분위기를 흐르게 하면 된다는 것이 내 생각이다. 눌언의 자세를 너무나 닮고 싶지만 때론 너무나 유창히 입술과 혀가 움직이는 날에는 스스로가 질려버릴 때가 많은 것을 잘 알기에.
 첫 만남에 얼마나 더 친숙한 대화를 할 수가 있겠는가. 어색한 것이 당연한 것이고 공감할 수 있는 것이 많지 않은 것은 더더욱 당연한 것이다. 지난 그 어느 날에 만난 사람이 그랬다. 지금 마주하고 있다는 하나만으로 유쾌한 대화를 하고 웃은 적이 있는 자리. 그런 기억이 오래가고 편하지 않는가.

  늘 새로운 일만, 좋고 행복한 일만, 힘차고 즐겁고 유쾌한 일만 생기기를 바라면서 하루를 시작한다고 해서 그 하루가 그렇게 무사히 끝나는 것은 아닐 것이다. 아니라는 생각이 몹시도 드는 나날. 그런 날에는 흘러간 시간 속에서 끄집어 오는 순간 순간들에게 위로를 하고 다져서 보내야 하는 의식도 필요하다.

  결국 앞일과 뒷일은 모두 나로 인해서 만들어진 작은 축적이다. 때론 나아감을 멈추고 가져야 할 반추의 시간. 이 첫 시집이 나를 이끌어 온 것을 나는 너무도 잘 안다. 달빛에 얼굴이 그을리고 때론 부끄러워 커튼 뒤로 숨은 적 있는 일과 흡사하다.

  이 부족한 시집을 위해 애써 주신 차영한 문학박사님과 수필가 양미경 선생님께 머리 숙여 감사의 마음을 드리면서 잠시 활터에 다녀와야겠다. 때론 활터에 가서 오만해지는 나를 겨냥하고 싶다.

차례

시인의 말　　　　　　　　　　　2

1부

몽유도夢遊圖 그리는 밤　　　　　10
꿈에 꾼 꿈　　　　　　　　　　11
궁극窮極　　　　　　　　　　　12
나의 일상　　　　　　　　　　　14
엄마의 동백, 분홍 엷은 꽃잎　　　16
달타령　　　　　　　　　　　　18
이별, 무엇이 이런 일을 만드는지　20
달　　　　　　　　　　　　　　22
소품문小品文　　　　　　　　　23
달빛 차경　　　　　　　　　　　24
달밤　　　　　　　　　　　　　27
달에게 가는 길　　　　　　　　28
바람 부는 달밤　　　　　　　　30
주관식 사랑　　　　　　　　　　32
달에게 배운다　　　　　　　　　34

2부

고백, 매화나무 아래에서	36
헛말처럼 무너진 산	38
탐매도探梅圖	40
낮은 목소리로	42
신격몽요결新擊蒙要訣	43
고전古典을 읽다가	44
아! 오동아	46
아버지	48
백아절현伯牙絕絃	50
오동도에는 내 오동나무와 동백이 살고 있습니다	52
반성	54
문리文理가 트이는 집	56
대외비문서對外秘文書	58
청매화 핀 방에서	60
동백	61

3부

붉은 꽃 선인장	64
풀꽃	66
해녀·1	67
해녀·2	68
준비된 말	70
황진이 연가戀歌	72
사과	74
혼자 잠들어 보니	75
죄짓는 일	76
내가 만난 사람	78
사친가思親歌	80
바람의 그림자	82
혼돈은 문득 걸음을 멈추게 하고	83
무릎에 누워	84
호랑이를 그리려다가 개를 그리다	86

4부

그 섬에 가는 꿈 88
전설 앞에서 90
은수銀秀야 92
우리 집 밤 풍경 93
어느 아침 94
공작孔雀 96
붉게 아리는 심장 98
위로 100
번제燔祭 102
엿들은 이야기 104
시대숨결 105
어떻게 하지? 108
여자 혼자서 109
존재의 평이平易한 놀이 110
어둠이 발밑에 서성이는 111

5부

하루 이야기	114
사랑·1	115
사랑·2	116
사랑·3	117
절반의 늪	118
봄의 한계	120
서늘한 아침	121
산 모퉁이에서	122
보는 것마다	124
시월, 마지막 날	126
숲에서 필적을 만나다	127
볕	128
생활혼곤生活昏困	130
상상화想像畵·3	132
막둥이에게	134

정소란 첫 시집 《달을 품다》 시세계 해설
카타르시스, 생기발랄한 포에지 **차영한**   136

1부

몽유도夢遊圖 그리는 밤

달은 희다 못해
바래고 성긴 광목처럼 곧 잊힐 색으로
사람들이 잃어가는 날들을 주워옵니다
나는 저 달 속에서
한 날 한 날 조각을 모아 땅을 일구어
나의 영토가 만들어지는 동안
씨앗을 뿌리고 꽃을 기다리겠습니다
영근 열매 사이로 벌도 날고 나비도 들 테고
조각 땅 귀퉁이마다
만면의 웃음 깃발을 꽂아두고
나는 시를 쓰겠습니다
혼자 잠들어도 우주에 유영하는 별 하나
이불처럼 덮고 누워
숨김없는 몽유夢遊를 하겠습니다
한 세상 가볍게 외롭고 싶습니다
참으로 달이 나인 것처럼
내가 스며 있는 빛깔
간절한 채색을 하고 싶습니다

꿈에 꾼 꿈

하나가 벽만 한 창을 연다
기다린 보름 달빛이 쏟아져 들어온다
십이월 바람을 몰고 들어온 달
빛은 온몸에 들어와
하얗게 군림한다
모두 비우고서야
우주를 비상할 날개 하나를 입는다
꿈을 이룬 밤
은하 사이로 숱한 기억들을 흩어버리고
다시는 가려내지 못하는 암호를 걸어둔다
남아 있는 그림자마저
달빛에 살상된다

궁극窮極

그리움이 배반 한번 없이
남아 있는 날
땅속에 뼈만 남아 누웠을
내 아버지 어머니가
보고 싶은 밤
풀을 헤치고 흙을 파서
그 손가락 뼈라도 만지고 싶습니다
흙을 걷어내고서
그 얼굴이었을 곳에
나는 떨리는 이 입술을
온기 있는 입술을 대고 싶습니다
살아 있다는 것은
마른 덤불 같은 무덤 앞에
설 수 있는 발
흔들리는 발이 있을 뿐입니다
몇 겹 흙을 사이로 두고
그들은 땅 아래서 숨을 쉬고
나는 땅 위에서 흙내를 맡습니다
긴 시간 동아 무너진 돌담 위로
찔레넝쿨이 기어오는 곳

갈 곳이 정해진 나는
아무도 사랑하지 않겠습니다
지난밤 살갗이 베인 듯 아픈 자리만큼
둥근 저 달이 이내 기울 듯합니다

나의 일상
— 달과 함께

날마다 생각해 온 삶이 있다
그 삶은 마음 먹은 대로 와 주질 않고
늘 벼랑 끝이나 산꼭대기 같은 곳에서
푸른 유혹을 한다
그런 삶이 먼저 세상을 벗어난
내 어머니를 닮은 듯하여
흉내를 내려다가도
한 치 벗어난 생각을 하면
조금 길게 할 일이 생겨
하루 길게 나눠 쓸 인정을 베풀지도 모른다고
모자란 기대를 한다
달이라도 앞세우고
아쉬움 흐른 삶
혹여 어머니가 갔을 길을 찾아가면
빗소리 시작한 어느 시점에
발그레 웃고 있을 내 궁극의 오늘
벼랑 끝 먼 산 위에도
달 데려갈 길만 있겠다
신록 무성한 날만 갈 일도 아니지
꿈꾼 이불 털다가 터진 울음은

먼 길 갈 일에 청량수로 쓸 일
꿈속 이야기 흘리지 말아야지
쉬지 않아도 편안한
삶이 편편이 놓여 있다

엄마의 동백, 분홍 엷은 꽃잎

엄마가 살던 섬
바다를 지나 굴 까던 자리로
어린 동백을 팔러온 봄나무 장수
생굴 까던 엄마들 하나둘
꽃색도 모르고 나무를 사고
엄마도 한 그루 텃밭에 묻었다가
나에게 주신
1996년 동백나무
화분에 심었다가, 텃밭에 심었다가
어린 아들 오줌도 주었다가
찬 땅에 얼렸다가 다시 살렸다가
그러다가 몇 송이 봉오리를 맺는데
가고 없는 엄마가 이 꽃을 보면
색 고운 봉오리에 미소를 지을 것 같아서
생각만 하다가 나도 모르게
두리번두리번 눈물 감출 시선을 찾았다
간혹 소란소란 굴뚝새도 찾아오고
동백이 만개할 땐
저 꽃이 질까 색이 바랠까
곱다고 손도 대지 못하다가

밖을 환히 밝힌 꽃이 외로운 밤
엄마 그득한 마음에 꺼억꺼억 울었던 몇 해 전
생을 다하고 한 잎 낙화에도 마음이 아파
동백나무 아래에 그 꽃잎을 깔아주고
아직도 거기 아래 향기는 남았는지
품위 있던 분홍 동백 가까이는 못 가고
곁눈길로 흘낏하던
추억 스민 동백
오늘 아침 그 나무는
겨울눈인지 꽃눈인지 혹은 우리 엄마 소식인지
서둘러 나를 불러 세웠다

달타령

외등을 켜 놓았나
자려고 누운 머리맡
밖이 훤하다
오 저런!
푸른 잎을 숲처럼 달고 있는 이 벅찬 여름
푸른 울음 우는 학鶴무리 기다리는
오동나무 꼭대기에서
책만 펴고 꿈뻑 졸던 나를
여직껏 비추고 있었나 보다!
이뻐라 저 달
천지 만물 중 유난히 집착 같은
목을 젖혀 우러르게
욕심이 나는
따다 줄까 따다 줄까
애꿎은 응석으로
수천 년 씻은 탓에
저리도 푸른 달
늦은 잠자리 드는 탓도
저이가 부른 탓
언뜻언뜻 비추다가 숲으로 갔다가

지금은 잠등 같이 띄워서

속마음 아는 양 이 밤 넘어가는구나

이별, 무엇이 이런 일을 만드는지

풍경 하나가 길을 간다
혼연渾然의 다른 사람 하나를 만들고서야
걸어온 길을 돌아본다
잎이 여물지 못한 장마철 은행나무가
함부로 까불고 날뛴 알맹이를
서 있는 아래 푸른 설사로 내보내고
풋내 나는 사랑을 너도 하였나 보다
이런 감정이입

맹목의 뜨거움은 그것 앞에서
초라한 파문만 일고
짐승이 죽어 엎드린 시간처럼
긴 정적

그가 만든 풍경 밖으로
함부로 내모는
무례한 시간 앞에서
얼굴 들어 말할 수 없는
이런 어눌한 입장도

여리거나 황폐한 일
지금 만난 풍경 앞에서
흐린 눈으로 나는 길 위에 선다

야속하다 과학적 근거
분비가 소진된 도파민인지
혹은 옥시토닌인지

달

오래간만에 밤 외출을 하고
집으로 오는데
시커먼 산 위에 달이
흰 눈으로 염탐을 한다
향수가 달라졌다고 하거나
얼큰한 술집 맥주 냄새가 나기도 한다며
발 끝에 익숙한 빛을 내리고
좋은 친구 만나는데 같이 안 간 투정을 한다
해 줄 얘기도 없는데 달그림자 감아치는 모양새로
자꾸만 추적추적 온몸에 드는데
안 한 얘기 있거든 대문 열기 전에 부어놓고 가라 한다
이러다가 사사로이 주고받던 이야기 중에 내가 안 할 말
내가 못 들을 말 있었나 생각하면
웬 걸
달에게 꼬드겨진 밤
마당에 온통 달이 기울면
만난 적 없는 이들이 우루루 둘러앉고
나는 미숙한 언어로 정신을 잃는다
그러는 사이 저만 지음을 얻어가고
대문도 열기 전에
다시 검은 산에 앉아 있다

소품문小品文

문 앞에서 불어오는 달빛 소리와
긴 시간 자다 깨다 불어오는
비로소 흔들리는 바람이
어디선가 오다가 반쯤 공손해졌다

누구를 만나서 소곤댔던 음절 몇을 기억하며
꽃을 만지며 물을 뿌리며 나무를 스친다
싹을 틔는 순한 공기 속에서
살갗이 촘촘해지고 윤이 나는 흙을 만진다

나이 든 바위 위에 마른 척추를 펴고
잦았던 통증을 새겨 넣으며
감은 눈 속에서 바람이 지나가고 꽃잎 열리는 소리를 듣는다

자엽子葉이 열리는 나무가 연둣빛으로 떨리고
잎 끝에 방울진 물
뚝뚝 떨어지는 시간 앞에
느린 여정을 은밀히 흘려 넣는 나는
사람들이 아직도 잠들었거나
미처 잠들지 않은 시공에서
길을 잃었다

달빛 차경

활달한 포용이 시작되었다
연꽃이 더운 숨을 참았다가 뿜은 눈부신 사열 앞에서
활래정活來亭* 여름은 서막 걷어내는 소리로 바쁘다

순한 흙을 품은 너럭바위에 정갈한 한 벌 도포가
누마루로 걸어갈 이를 기다리는 별당
어찌 이리 맑은가
배롱나무 가지 끝에 길손이 걸쳐 둔
세속의 말들이 말라가는 향

저 도포를 입어야지

바람 소리조차 누각 아래 엎드린
정중한 환영 앞에
물 찬 땅 아래로 잠겨버린 예스런 장단을 부르는
나는 시공이 방만한 선비가 되련다

보풀 인 책 한 권 베고 누우면
심장처럼 붉은 노송이 하늘을 가려 주는데

연꽃이 말을 걸어오는 동안
못가에 병풍 친 무궁화를 찢어 입속을 적신다

이렇게 누마루 선비로 한 며칠 살다가
발이 아파 더는 걸을 수 없거든
열화당悅話堂*까지는 가지 말아야지
바람이 민다고 바삐 가지 말아야지

나는 못 속의 전설을 절진切診하여
그간의 선비 중에
가야금과 단소의 산조 같은 이를 모셔 놓고
누마루 긴 달빛을 차경하여 하루하루 늙어가련다

고색의 마루에 차름히 누우면
추사*도 무경*도 고단한 어깨를 만져주는데
여기에서 차 마시고 책도 보다가
여기 노닐다 보면

홍련도 지고 달도 진 활래정 연못은 멀어지고

긴 잠을 깬 창백한 얼굴로

누구를 부르는 소리

방 마루를 지나가는 댓잎 서걱이는 소리 —

＊활래정活來亭 : 강릉의 선교장 정원의 인공 연못 가운데 있는 누각.
＊열화당悅話堂 : 강릉 선교장에 있는 사랑방.
＊추사 : 추사 김정희.
＊무경 : 무경 이내번.

달 밤

달빛이 스며든 온 산에
봄이 익어갑니다
새잎이 나고 가지에 물 차는 소리
외경된 산짐승 교제하는 소리

달에게 가는 길

밤을 건너는 빛깔과 맞닿은 섬의 경계 위에서
그 속으로 들어가는 방법을 묻지만
한번도 바꾼 적 없다는 비밀번호는 늘 흐릿하다
뭉툭한 손끝이 번번이 엇누른다
문 앞에서 길을 잃는다

검푸른 물결은
나이 든 목젖이 흔든 비창으로
섬을 에돌아 두려운 곡조로 발목을 당기는데
그곳으로 가기에는
자꾸만 부족하다 나는 호흡이 짧다

분주한 눈으로 찾던 길이던지
바쁘게 피고 지던 꽃이던지
그는 절실한 것들만 준비를 하고
언제부터인지 펼친 물결이 어지럽다

무엇으로 갈 수 있을까
내가 할 수 있는 일이 있을까
가쁜 숨으로 일렁이는 물결
푸른 손짓이 금단의 경계를 흔든다
기어이 봉인해제

바람 부는 달밤

나는 얌전한 달
그쯤은 버리고 간다
밤길은 늘 무서워
눈을 감고 걷지만
달 뜬 밤에는 몽유의 걸음으로
산허리에 걸린 달을 찾아간다
가다보면 더 큰 나무에서 달이 부르고
농염한 금빛을 깔고
내 속에 그것과 소통을 한다
쓰다가 멈춘 손끝에서 굳은
끝도 없이 보채고 울어도
읽지 못한 오래된 문장
낡은 역사처럼 오기를 부린다
지극한 청명은
어느 달이 뜨고서야 맞이할 수 있을까
본성을 눌러 가르고 버린 밤공기는
늘 달 뜬 주변에서 야수처럼 서성이며
살이 아린 기척을 한다
언제가 반드시 저 살을 뚫겠노라
다짐도 한다

어디로 달을 숨겨야 하나
어디로 달을 데려다
차고 기울고 이지러진 온전한 그 역사를
혼자 마음껏 쓸 수 있을까
온 우주를 파고드는 한 줄 밤바람이
아린 살갗 위로 또 한번 훑고 간다
언제 꽃을 피웠냐고 비웃고 간다
어느새 달이 바람을 데리고 노는 밤

주관식 사랑

나는 더 일찍
달에게 가야 할 듯합니다
까맣게 폐경하기 전에
저 둥둥한 달빛이 흐려지기 전에

삶이 매서운 아침은
눈물도 매력적으로 닦지 못하지요
검버섯 지운 손등으로
쓰린 설움을 훔쳐내는 동안에
바람 잦은 키 큰 미루나무가
감싸 안는 시간
붉은 풋내가 번져왔지요

아드레날린을 풍기는 대지에
초록의 혈당이 상승하고
언제라도 언제나
한마디 시어도 없이
끝나는 불순한 서정시

살아가는 반대의 일은
집중하지 못한 시간이 흘러가는
모멸과 고독이 겹치는 시간
달을 닮은 등을 보이고 멀어지는
과도한 속력에
바람 이는 길목에
나는 한참을 서 있다가
달이 부르는 품으로
늦가을 하늘이 닫히기 전에
좀 더 일찍 가야 할 듯합니다

달에게 배운다

가다가 돌아본 당신 닮은 길
아직도 그 자리에
드러낸 붉은 뿌리로 숱한 말을 합니다
눈을 감고도 길이 보이고
몸속에서 강이 흐르는 나는
새벽보다 맑은 단정한 탐미에 현기증이 납니다
하루가 끝나는 날
달빛 하얗게 부서지는 바다 위로
마음대로 흐르지 못해 밀려간 정염情炎이
밤새 높은 소리로 웁니다
당신 이름은 무엇입니까
제가 불러도 돌아보는 이름입니까
길을 삼키고 바다 위에 뜬 달
당신의 부동不動에 이른 몰락을 합니다

2부

고백, 매화나무 아래에서

청춘이 이우는 날을 보내도
화창히 일어서는 이런 날에는
내가 하는 사랑이
은은한 뇌성으로 남아 있습니다
벙근 꽃잎부터 향이 나는 나무 아래
서서 올려본 목덜미부터
이미 절정의 봄입니다

조밀한 빛이 비밀을 만들고
거침없는 아침이 오는 일상은
늘 두근대는 질문

당신은 저의 봄입니까

그대는 아이 잠덧 같은
내 서툰 이기利己에
완상玩賞의 대칭으로 서 있고
조급한 방언方言 앞에서
매김말로 남아 호통합니다

봄이 술렁이는 발길 속에서
달빛 품고 흘렀을 유유한 물가에서
담박한 담장 안에서
그대 흔적 보는 일은 상상으로 자유롭고

당신은 저의 꽃입니까
언제까지 여물게 다문 봉오리입니까

대답은 단조로 아쉬워
뜨거운 화석 하나 가슴에 놓고
그대는 일렁이는 봄을 거두어
바삐도 지나갑니다
청빈이 머문 뜨락
매화바람 부는 소리에
붉은 얼굴에 미열이 납니다

헛말처럼 무너진 산
― 추모追慕

산이고자 했으나
가묘 말뚝을 뽑고 엄마 옆에 작은 봉분으로 계시는
유월 새벽 헛말처럼 무너진 산
뜻밖에 그리움은 자다가도 찾아오지만
남아 있는 회한은 잠긴 목소리
잠꼬대로 뒤척인다

빈집에 남아 있는 흐린 지문은
왔다간 바람 흔적일 테고
바람은 간혹 아버지 기침 소리를 낸다

낡은 마당에는 흙먼지가 뒹굴고
잡초가 수목처럼 밑둥이 굵어졌다
동네를 떠난 사람들은
저벅거리며 걸어오다가
문 없는 대문 앞을 바삐 지나가고
풀이 무성한 집 앞 우물 속
시퍼런 냉기가 가득하다

이끼 덮은 우물 속에는 어쩌면
아버지의 해장 사발 하나가
아침마다 기다리고 있는 거기
생전에 원한 산 일 없으니
그 해장 사발 들이켜는 일도 없고
마당을 걷고 방문을 여는 일도 없이
땅속에서 고독한 일기 한 권 쓰는
집으로 오는 길도 잊은 듯한 아버지

혼자 돌아와 누우면 되는
전화기 한 대 놓인 안방에
생전의 고독과 독백이 가득하다
몇 해 안 된 공기는 유품에 남은 지문마저 지우고
미소 지은 사진 속 얼굴 근육이 굳어간다

그러다가 오늘 세 번째 추모하는 날
우리는 그럴 수 없이 편한 얼굴로
삼 년을 지나도 다 들지 못할 음식을 차린다
삼 년째 돌아오지 않는 아버지
아버지는 자식들 몸마저 편하게 하셨다

탐매도探梅圖
―지루한 하루를 보내다가

바람이 흔들고 간 빈 마을에
게으른 햇살이 낮은 담에 늙은 고양이처럼 걸터 있다
겨울눈과 봄눈이 혼돈되는
나무가 낭창하게 가지를 늘어뜨린
위태한 공기가 흐르는 듯한 아래로 걸어가서
불편한 손님처럼 비켜 앉은 몇몇을 발견한다

그것이 때를 어겨 핀 꽃인가
늦도록 꽃이 지고 남은 자리인가로
사람들은 관심도 없이 스쳐간 일에
몽롱하고 느린 생각을 한다

다시 총총히 걸어 나와
짧은 그림자를 밟고 서서
가지를 흔들고 간 아까 그 바람이 다시 올까
무심한 기다림을 하는 동안

문득 스친 이적利敵의 단내

이 고요를 벗어나라 이끈다

혼돈을 풀어 줄 매화음梅花飮 한 판

밀어 둔 묵은 금음琴音을 불러 마주하자 이른다

나도 때론 고전이다

낮은 목소리로

새벽까지 이어온 빗소리에
복사꽃 연한 잎이
초록빛 숲으로 진다
나서지 못한 문밖에
손가락 같은 물고랑이 내를 이루고
님은 벌써 상림에 닿아 있다
님은 혹
거연정 흩뿌린 비 가슴을 풀어내고
그게 아니라면 이미
농월정 있던 자리 애달파
주춧돌 대신 님의
발을 묻었는지 모른다
여기 내 앞에 푸른 산은
암울한 즙을 내어
용추의 맑은 물에
투정하듯 풀어내리
어쩌면 잊은 듯한 나를 흘려보내고
비에 불은 낮은 목소리
지금 가만히 하는 말은
나를 잊지나 말아요

신격몽요결新擊蒙要訣

길이 있다가 사라진 골목에는 그가 남긴
상형문자 같은 호흡만 널려 있다
널린 사방에 봄꽃들이 붉게 밟히고
나는 길게도 번져가는 그림자 끝에 서서
별 아쉬울 것도 없는 일에 눈물을 흘린다
밤이 알맞게 희석된 색
오래지 않아 그 눈물을 그치고
간질거리던 화장을 지운다
청순이 빠져나올 비상구
파리한 얼굴에 만들어 넣는
해저에서 고대를 시추試錐하는 일 같은 일로
몽매蒙昧한 심장이 화끈거린다

무르익는 봄이다

고전古典을 읽다가

부디 한마디도 하지 마시길
공진共振의 힘은 거대해서
서 있기도 힘든 때가 있습니다
그러다가 왈칵 울음이 터지면
생긴 꼴도 우습게 변해가고
가린 손도 부끄럽습니다

나도 님처럼 물같이 흐르다가
도도히 흐르다가
사물을 통했다고 말을 할까 합니다

맞이하는 모든 순간이 봉오리처럼
꽃이 피는 순간을 볼 줄 알았습니다
살아가는 중심에 늘 내가 있고
달달한 말 한마디에 귀밑이 상기되던 날도
물처럼 흘러갔습니다

거울을 봅니다
이숙한 얼굴에 묵은 눈물을
도도한 물처럼 흘리고 나면

열리지 않는 마음에 비장한 책장 넘기는
논어를 배독拜讀합니다

나는 지금부터 그대를 읽고 있습니다

아! 오동아

베어버린 오동나무에게 미안해서
초저녁부터 내리는 비가 소리 내지 않았으면 좋겠습니다

새로 심은 모란과 찔레장미는
빗물이 오동나무를 흠뻑 적신 뒤에야
잎을 적시기를 기다렸으면 좋겠습니다

창밖으로 바라보면
오동나무 심은 내 뜻을 저버리니
체통을 지켜주지 못한 밑둥까지 자른 몰인정

덮지 못한 과년한 속살이
부끄러운 낙향을 한 듯 붉어져 갑니다

잎이 내던 바스락 소리에 아삭이던 정취도
전설 같은 보라가 등을 켜던 봄도 떠나고
세상에 초록을 다 품던 여름도 멀어졌습니다

이슬은 맨땅에 주저앉고
새벽 일찍 봉황은 떠났습니다
같이 잘린 밑둥 같은 거문고도 주저앉고
차고 흰 달은 걸려 앉을 오동 가지 찾아
밤새 맴돌아 자꾸만 이웁니다

아버지

하늘빛 발라내는 물 밑에
몽근 짐 둘러멘
사람

하는 일은 선창가
햇살 바스라진 끝
인파의 끝을 잡고
종일 그늘 없이
낯을 태운다

봄씨 흩다 함께 봐 둔
덤바우 밭 묏자리에

님은 벌써 한 숨
억새처럼 누웠는데

얼큰한 한 잔 술에
추억은 흑백이라고
울담으로 토해낸다

회귀로 정해 버린
흰빛 돌 쌓은 선창
노을 묻힌 얼굴에
눈 밑 붉힌
걸음 하나

백아절현伯牙絕絃

풍치風致를 알아 주는 사람 앞에서
새가 날고, 날다가 깃든 모습을

강을 거슬러 오른
처연한 물고기 한 마리 은비늘을

큰비 내리는 소리, 무너지는 산 울음소리도
거침없는 윤필潤筆로 펴던 사람처럼

'연주가 시작되다가'

그 사람 빈방에
종자기는 간데없고
기생의 사물이 질펀하다

마음에 병 하나 독초처럼 돋아서
종자기는 멀리 떠나고
미덕을 감추고 동반하는
오점

해독을 할 수 없는 문자 앞에서
어떤 이는 서늘한 고개를 젓고

수명을 다한 우정 앞에서 어떤 이는
무후無後한 백아의 거문고를 삼가 조문한다

오동도에는 내 오동나무와 동백이 살고 있습니다

수없이 버리고 간 꽃목을 피해
아직 춘백이 남은 쪽으로 길을 걷습니다
붉은 어둠이 가던 곳에는
뱅글뱅글 점을 치는 낙화 서넛
돌아가는 길을 묻습니다

나는 겨우 그 정도 사람인 것을
꽃 보고 나더니 스산한 잎새가 눈 감을 때
몇 해 전 베어 버린 오동나무가
파랑에 밀려들어 꽃섬을 안고 있습니다

아! 오동이여,
요 며칠 써 왔던 편지를 읽고 있는지요
봉황을 돌려보내고, 어린잎에 얹혀 울던 이슬 이야기에
창백한 옹이가 허문 돌담 같은 동백나무도
뚝, 뚝 눈물을 흘립니다

먼 곳을 응시한 채 구릉에 선 나무
물결은 기어코 뿌리를 갉아 내고
무딘 마디와 푸른 가지까지 제 몸에 맡기면

배어나온 향유는 읽어버린 기형목에 흐릅니다

여전한 세상은 경계도 없이
동백꽃 붉어지면 길을 막고 시간을 팝니다
찾아서 이끌어 마주하고
동백이여, 돌아누워 바라볼 수 있는지요
언 발로 오느라 얼마나 시린 밤이었는지
붙잡아 울어도 멀어지던 님을 보내고
오동도 서러운 붉은 비로 떨어졌는지요

차가운 밤바다는 인적을 끊고
눅눅한 안개로 숲을 만들어 옵니다
오동도여, 나는 어디로 가야 됩니까
동백이여, 오동이여 숲길을 열어 준다면
울지도 않고 한 번도 잠들지 않고 몸을 던져 가겠으니
꽃물 든 파랑 속으로
님도 함께 손잡아 끌고 가렵니까

반 성

낮잠을 깨고 해가 내린 마루 끝에 앉아
번져오는 그리움 가슴에서 풀어 낼 때
아침부터 뒤척이던 흰나비 한 마리
숲에서 날아와 꽃 피우는 일을 잊은
잎만 푸른 동백 잎에 앉았던
그 기억

겨울 땔감 준비하는 섬사람은 저 동백도 베어 와서
꽃봉오리가 달린 가지도 한 동으로 매어
아궁이에 들어가기 전까지
마당 한 켠 해풍을 가리도록 벌을 세웠다

붉은 꽃꿈을 꾸는 동백
스스로 수분을 날리고 숲에서 나던 향을
마당에 뿌리고 있었다

그 기억 다음으로 꽃인 줄 알았던
그 나비
흰 동백 신기하여 다가가는 어린 내 손끝에
소지한 종이처럼 바스라지던 날

자지러지게 울던 오후
세상에 없던 혼란으로 입을 닫고
허우적대던 한때

모르고 그랬노라 듣고도 못 들은 척
보이지도 않았노라 그게 동백인 줄
무수히 지폈던 아궁이도
그때 섬사람처럼 푸른 영혼으로 날아가 버리고

지금 섬은
어깨가 깨질 만큼 바람이 불고
흰나비이든 피지 못한 동백이든
누구든 찾아서 살아 주기를
그 나무 밑둥처럼 늙어서
흙을 북돋우고

문리文理가 트이는 집

짙게 붉은 우단동자 꽃이 대문이 된
여름 같은 그 집에 가면
너럭바위 틈틈이 와송이 자라고
전지剪枝에서 자유로운 무성한 돌배나무 아래에
너른 바위 하나가 풍류를 기다리는 포석정을 만나다

물기 없는 바위손이 향한 곳에는
말라서 바스라지는 옹기가 엎어져
그가 떠난 사연과 돌아올 때를
분별없이 담고 있다

잎이 붉은 나무에는 나무보다 더 붉은 자두가
때를 알고 익어 가는데
기다리는 것들과 기억하는 것들의 사물 앞에서
색과 모양과 품성의 바탕이 보이는
봉분만 한 수국 한 무더기
깊은 바다 빛에 넋을 놓고 말았다

죽어서도 깨닫지 못할 하나
칼날 같은 두통 앞에 아찔하게 마주 선 풍경을
연극처럼 만들었다
먹먹한 울음이 걸려 움직일 수 없었고
여름이 시작되는 공기도 멎었다
하필이면 여름이 건너가는 곳에서
어린 개구리가 돌절구를 껴안고 우는 모습과
찌우뚱한 나무의자에 근근이 감고 오른 백화등을 보고서야
비워내어야 할 자아를 보던 날

교교皎皎한 자아로 남고 싶은 순간을
빈집에 남기던 날
사람 하나 다녀간 흔적도 묘연하고
분주한 것은 아무것도 없었다
그 다행한 돈오頓悟여!

대외비문서 對外秘文書

봄날 같던 음성으로 긴 길을 돌아
땅으로 솟듯 다가온 당신을
펄럭이는 빛을 몰고 눈을 멀게 하고
거침없이 뻗어 오는 여름 칡과 같은 당신을
잊어 가는 날 중에

바람 맞고 서 있던 무수한
희고 붉고 푸른 비가
서사敍事에 실패한 이야기로 줄기차다

평온은 늘 비옥한 대지 아래 저장된 녹색 종균
고목으로 자랄 배양을 시작하기 전
어디로 펼칠지 모르는 흐린 녹음 아래
어제오늘이 혼돈스러운 조우遭遇를 피해 간다
알지 못한다
때늦은 황사가 어지러운 오늘이
불온한 시간을 은폐하는 것인지
지우지 못한 상처를 가려주는 것인지

다 잊어가듯 결단도 흐려져 가는 날
뒤집힌 시간의 낯선 골목에
마르고 타버린 가여운 생애를 기록하러 가야지

청매화 핀 방에서

한 밤을 울고 나니
그대 손끝에 벙글던
이른 매화가
향기를 물고 있던 꽃잎을 열었다
쏟아진 달빛으로 문을 연 빈방에서
단전으로 맡은 향기
묵은 매화 둥치로
그가 숨어 묻혔는지
턱!
가슴이 막혀오던 그리움이
오늘은 상쾌히
감
소
되
었
나
니

동백

툭, 우리 엄마 마음이
내 손에 얹히던 아침
분홍 꽃잎 애련도 엷어지고
만발한 동백은 낙화도 발랄하다

3부

붉은 꽃 선인장

가고 볼 수 없는 어머니의
살다간 세월이
눈앞에 있다

귓불보다 작은 망울이
어린 날 시간으로
빨갛게 맺혀 있고
헐겁게 등에 붙은
뱃살을 하고도
의연히 웃더니
비로소 임종 앞에서 보인
두려운 눈빛과 닮은
물기 잃은 꽃 꼬투리

입김 서린 창가에서
시린 겨울 창밖을 보는
저 애상

기억 아래로 가라앉아

간간이 눈 밑에 차가운 바람으로 다녀가던 얼굴

꽃이 지고도 바래지 않는

저 선인장꽃 같은 얼굴

배경이 낯선 찻집에서

문득 만난 오늘

차향은 목 안에서

울컥한 울음을 만든다

풀 꽃

바람도 일지 않은 시간
맑은 이슬을 훑어서 손에 담아
입술도 못 적시고 차 한잔 소화되지 않는
안전하지 못한 사랑에 몸살 난
입속에 넣고 싶다

적신 입술로 다시
가을이 온다, 가을이 간다
가련한 시를 쓰는
핏줄 또렷한 손등을 위로하고 싶다

체온이 마른 사랑이 간다 하여
눈물이 온몸에 밴다 해도
풀 같은 꽃으로 중심에 자라는
이기심

중심은 감각을 숨긴 위험한 변수인 것을
그것도 모르고 그는 나를 중심에 둔다 하였다
중심은 사랑이 아니다
그 둘레에 풀꽃이 덮어 온다

해녀 · 1

땅을 걷는 것에 낯설은 이후
환상은 파스텔 이미지로
눈처럼 흩날리는 벚꽃으로 사라지고
너는 변이를 즐기는 유랑流浪
깊숙한 바다로 가라앉는
점도粘度를 빼지 못한 침향목沈香木이다

굳은 수지樹脂처럼
온몸 깍지 낀 힘으로
해저에 몸을 대면
태고의 미생물을 잉태했던 암벽에
균열이 시작되었다

세상에 단 한번
물 빛나는 향이 스며 나오는
절묘한 교합交合
너는 부끄럽지 않다
붉은 산호우림이 환호하고
아름다운 손짓을 하지 않는가

해녀 · 2

어린 날 섬뜩한 일 하나는
바다에만 있는 줄 알았던 검은 사람이
뭍으로 올라오는 일이었지
미처 소리도 못 지르고 도망간 큰 바위 뒤에서 본 것은
바위 뒤에서 똥을 누는 하얀 엉덩이
철철 물이 흐르는 검은 옷을
힘겹게 벗고 드러낸 하얀 엉덩이는
다시 물속으로 들어갈 때까지
어린 눈을 하얗게 풀어놓고 입을 열어 놓았지

이상과 현실의 도무지 알 수 없는 일 앞에서
정오의 해가 뜬 혼미한 봄날
내가 빠진 알 수 없는 첫 슬픔이었다

그런 후로 지금도 때때로
산에 갔을 때나 밭에 갔을 때
내가 드러낸 엉덩이를 나처럼 또 누군가 보고
어린 날 놀라고 막연한 슬픔을 느끼지 않게
나무가 더 많고 고랑이 더 깊은 곳에서만
하얗게 내리고 뒤를 돌아보아야 했지

간혹 일어나는 원시의 긴박한 일에
어린 날 기억은 너무나 뾰족하게 솟아올라
심중에 가시처럼 찌르지

거친 숨소리로 바다에서 올라오는
그녀의 엉덩이와 요망한 내 엉덩이를
이야깃거리로 두기에는
너무 가벼움을 이제야 알고
오래전에 보았던 돌고래 같은 사람이
안쓰러움을 이제야 아는 나는
그녀가 남긴 성급한 물발자국을 찾아보아야 할까

준비된 말

신경이 개운하지 않은 일은
살다보니 어김없이
하루 절반을 토막 내는 아찔함으로 다가오더니
때론 눈 둘 곳 없이, 입술 다물 새도 없이
미처 준비된 말도 없이
망연히 그 얼굴을 보게 하네요

돌아보면 일생의 일 중에
내 의지로 태어나지 않은 일 빼고는
보기 싫은 책을 본 적 없고
하기 싫은 결혼을 한 적도 없지요
정신을 쏟아 몸으로 키운 아이들로
윤택 나는 삶으로 하루를 보태고
오감을 깨는 일로 세월을 이어 왔지요

가기 싫은 곳을 간 적 없고
먹고 싶은 과일만 먹고
보기 싫은 꽃을 산 적도 없지요
그렇게 살아오면서 차츰 어딘가로
몸이 밀리는 중력을 느낄 즈음

잠을 자고 깨고 웃고 있는 동안
대문을 열고 닫고, 살아가는 동안에
이대로 살아도 되는가에 고개를 들 때쯤
머릿속에 들어간 황망한 벼락
이미 정신을 내리치고 있어요

가늘어진 길 위에 남겨진 건
유산이 될 이유로 살아갈 흔적
간판처럼 내걸고 걸을 치열함은 없네요

내가 살아온 길 누구든 다시 준비하거든
한번도 못 가본 길 서넛과
마음에 품지 못한 인생 몇과
만나지 못한 풍경 몇
칠보소반에 놓아 두길

언제든 길 떠나는 용기는 접어두고
지금이라도 심연의 먼 곳이 이곳임을
벼락 친다 천둥 친다 하지 말고
흔쾌한 얼굴로 맞을 수 있기를
길은 늘 이 길, 따로 있지 않지요

황진이 연가戀歌

그쯤일까 싶은 곳으로 시 한 편 보냅니다
심장 소리 들리는 여기까지만 오세요
아무 일 없다고 한껏 벌린 양팔 안으로
저는 아이처럼 안기고 싶습니다

잔물이 일렁이는 바닷가
붉은 볼 부빈 방파제에
늦은 밤까지 물새가 대신 앉아
우리 마신 찻잔을 지키고 있는지요

세상에 귀한 두 사람 온전히 만날 수 없지만
안아보고 만져보는 얼굴 하나
날마다 기다립니다

오르다가 기우는 햇살에
젖은 눈을 말리고
잠시라도 머무는 가슴에는 한 가지
잊지 않은 체온
시詩로 적은 말입니다

오래 볼수록 우는 일이 많아지니
잊지만 말아요
저를 안고 한 말 들은 만큼 깊어져서
얼마나 힘든지요
한동안 기억이 마비되어
죽기까지 이렇게
저는 시만 써서 보냅니다

사과

앞산이 보이는 창을 열고
아침 사과를 깎는다
의식을 치르듯 깎는 동안
아버지 생각이 나고
젊은 아버지가 함부로
소주병을 이로 따고 상하게 하는
상스러운 모습을 떠올린다
칠순도 못 되어 시린 이에 사과가 야물어
저미듯 잘라 달라 하신 아버지.
사각이는 사과는 얇은 기억
식욕으로 남았을 치기稚氣
나는 아픈 상처에
그의 상스런 모습처럼 깎다 만 사과를 베어문다
젊은 아버지의 이유 없이 벅찬 가슴이
한입 사과 단물로 휴식하기를
다디단 물이 가슴샘으로 흥건히 고여온다

혼자 잠들어 보니

너무 일찍 나 혼자 잠들지 않게
너무 빨리 나 혼자 잠드는 일에
익숙하게 하지 마오
당신 빈 베개를 잠들 때까지 바라보다가
누운 귓속으로 눈물이 흘러
마를 사이 없이 먹먹해질 때쯤
돌아누운 어깨가 흔들리지 않도록
자주 빈 베개를 보게 하지 마오
그 병상에서 흰 달빛 보이거든
밤새 머리맡에 내가 앉았다 가고
이른 새벽에 발끝이 떨리거든
저린 당신 무릎에 더운 손을 얹다 간 줄 아오
가꾸던 텃밭에 풀꽃이 먼저 피고
저 노랑붓꽃같이 볼 수 있도록
늦게 피다 늦게 지길
나는 물 주고 풀 뽑기도 하지 않으오
당신 누웠던 자리 빈 이불 덮어 놓아도
침상은 더욱 넓어 밤바람이 든 듯한데
사랑합니다
밤이 깊도록 하는 말, 때때로 하는 말

죄짓는 일

늦은 잠을 깬 날에는
태만의 죄로 이마 한가운데에서
통증이 시작되어 있다
이 통증을 밀어낼 수 있는 방편으로
허리를 굽혀야만 들어서는
산으로 이어지는 오솔길
닫혀 가는 길을 여는 일이다

게으르게 풀섶을 휘적거려
풋내만 잔뜩 온 산에 풀어 놓는다
간혹
가시가 끈적이는 들꽃을 피하고
종아리를 훑어가는 보라 어린 멍울 같은
저 매력 없는 꽃도 피하다가
그 꽃들을 툭툭 꺾어들고

호탕하게 파고들어 고요만 흐려놓고
풀이 자라는 길을 할퀴고 와서는
나는 양귀비 본성으로 꽃을 꽂는다
누가 보든 이 본성本性

그 꽃이 가졌던 풍경은 생각 밖으로 밀고
헝클어지고 창백한 일상에
들꽃도 나 같기를 유혹하는 일

또 하나
죄를 더하였다

내가 만난 사람
—서화담을 상상하다

밤새 선시禪詩를 읽고도 하는 일이
낮은 고개 넘어
가난한 골목 쪽방에 가서
낡은 탁자 저만치 간격을 두고
그와 차를 끓여 마십니다

찻잔 옆에는
먹물 잔뜩 먹은 붓 끝에
뚝 뚝
늦은 겨울이 걸터 앉은 매화꽃이 달려 있고
그 끝으로 낮은
바람이 웅크리고 있습니다

손끝으로 뱉어 낸 풍류로 취한 시
벽지로 덧발라 바람을 막고
어느 누구든 마루 한 켠 내어 주고
저런 매화 가지 서넛쯤
꺾어줄 줄 아는 산방 사람

겹겹이 입은

풀과 풀잎과 풀꽃이 저민 일상
벽을 두는 일만이 참선이 아니라고
늙은 나무에 봄눈 틔우는 일로
온몸에 묵향이 나고
종이 펴는 일로 등이 굽습니다

나는 언젠가 달 속에 있던 사람
날마다 창으로 찾아오던 사람을 생각합니다
그대에게 가는 이 길에서
경계도 없이 비춰주던 저 달이 아마도
그날 함께 있던 달인가 싶고
이리도 가난한 한 칸 방이
그대 가까이한 꽃담花潭인가도 생각합니다

달 속에 심은 오동나무 뿌리가 자라
심어 놓은 태고의 인연이 풀숲이 되고
나는 이제 그 속 작은 길로
출생 전부터 앓아 온 그리움으로
발끝에 바람을 몰고
마음대로 우거지러 갑니다

사친가 思親歌

비문 하나 없이 누운 곁으로
부피가 얇은 문장이 켜켜이 저며 들어옵니다
나는 서툰 문장으로
삭아가는 수의처럼 숭숭 구멍이 났을 애도를
오늘도 적지 못합니다

'제발, 나를 수식하지 마라'

흙내나 맡으며 굽은 허리나 펴고 쉬겠다던
느리고 고단한 유언에 돌 받침 하나도 없이
이리도 고요한 무덤을 만들었습니다
거친 풀이 무릎을 찌르는 온통 풀물 드는 인사를 하고
들꽃이 예쁘다고 딴청을 피웁니다

바람이 혼절하며 들어갔다가 나오는
감실쯤으로 보이는 성긴 흙 속을
등이 저린 모습이라던지 배가 불편하여 웅크린 모습을
볼 수 있을까 기웃거리지만
오히려 나를 걱정하는 시린 적요가
어깨를 눌러 앉힙니다

여기서 누굴 기다리는 것도 아닌데
자꾸만 기웃거리는 것은
이르게 고아가 되어버린 내가 사사로이
투정을 하려는 것도 아닙니다
오고 가는 길에 그가 누운 길목에
나도 버젓이 왔다 갈 수 있는 권리 하나 내세우고 싶어서입니다

바람의 그림자

얼마나 많이 흔들리며
비 맞고 올지
빗줄기도 미끄러진 길을
갈매기 낮게 나는 일에도
가슴에 물결이 일고
너 오는 동안에는
몽혼의 잠에 취해버리기를
문밖에 바람 불고
눈 밑 서늘히 그늘이 지면
네가 내 안에 이미 들어 숨을 쉰다고
거들어 들어온 미열의 통증이
익숙한 처방을 한다

일탈하는 너

혼돈은 문득 걸음을 멈추게 하고

그때 밤길에 쏟아버린 젊었던 눈길
이미 낯설어진 내 눈길을 기억해 낸 이는
한 번쯤 만났을 세상구경에 바쁜 그들
분주히 흘러간 사람들이 다시 와서
들려준 내 이야기는 이미
빛바랜 풍경이 되어 있다

그들이 낱낱이 기억해 낸 것처럼
나는 누구를 기억하고 있을까
어디서 풀어 낼 줄도 모르는 곳에
기억에 녹아 있을 그들이 누구인지
나도 말할 수 있는 이가 있을까
수없이 갔던 곳도 번번이 추락하고
했던 일도 경험에서 빠져버리는 이 처연함과
낯선 일을 자꾸만 듣고 오는 날마다 새로운 삶이
살아왔던 어제처럼 쉽지가 않아
꽃은 꼭
꽃부리도 볼 수 없이 감질나게
키 높은 나무에서만 피는 듯하다
낯설게 하는 생각 혼돈은 늘 이렇게
평범이 바뀌는 일로 걸음을 세운다

무릎에 누워

무슨 일로 나는
남을 따라 하루를 살았는지
내가 알았던 사람들
흥건한 이야기로 고여 있다

그 속에 몹시도 닮아 있는 고독
고립되는 것이 섬뿐만이 아니라
섬 안에 있는 그것

아, 이제야 깨우치는
고독의 봉분으로 있는
내 부모의 그것

처음부터 끝까지 반원의 모습
엎은 그 속에 누워
혼미한 영혼에게
날마다 지은 죄를 안고
이제라도 절절한 문안을 올리는데

서툰 일 하나도 용서가 없고
시간이 갈수록 가린 상처가 드러난다
오래된 책에서 본 사람들이
이미 고전이 된 부모의 비문 앞에서
용서를 구하는 가식을
낱낱이 호통을 치는 오늘

따가운 햇살이 후리쳐온다
뻔뻔하게 곧은 등허리에
산허리 통째로 매를 치듯—

호랑이를 그리려다가 개를 그리다

그 사람을 기다리는 날에는
그와 비슷한 사람이
근처에서 보였다 말았다 한다
라벤더 마른 향이 나는 숨소리로
문밖에 서성이다가 흩뿌리고 가는 말
오늘 온 거까지만 기다림이다
긴 그림자 하나가 모퉁이를 돌아간다
기어이 터져버릴 물 찬 동공처럼
변종을 준비하는 나무는
낯 익힌 그 사람과 판版이 같은 성장을 하고
그가 서성인 음音을 익혀 노래를 한다
제 몸의 바람을 흘려보낸다
그 사람을 기다리는 날에는
아무도 없다가 문득 스치는 소리가 나면
낮은 발성으로 부른 이름 뒤에
먼저 지나간 시간이 돌아와 앉아 있다
엿보고 만 심중, 풀어 낸다
화석化石 같은 시간을 지운다
이러고 기다릴 바에야 마주 보고 웃을 일
익히지 못한 점자點字를 읽다니

4부

그 섬에 가는 꿈

그 오래된 옛날 왕희지가 놀던
난정蘭亭은 아니라도
번잡을 흘려보낼
배로 몇 번 섬 돌아가면
내가 가진 그윽한 섬 하나
커다란 정자亭子가 있다

그 정자에는 아버지 어머니가
바다 보는 풍경으로 나란히 누웠고
요즘 날이면 찔레꽃 사방으로
향초처럼 피워놓고
녹음 아래 계실 테지

산간山間에 집을 지을 생각에
누운 그분들 대칭으로
너럭바위 하나 앉히고
꽃이 우뚝한 언덕을 이루게
여문 씨를 흩뿌리고

산에서 내려오는 매끈한 햇볕과
바닷바위색이 서로 어울리고
낮이나 밤이나 서로를 비추면
선線이 좋은 풍경이 되겠지

거기서 오래전부터 아끼던 달
나도 그 달을 희롱도 하여보고
바람도 온몸에 감아 읊어도 보고

봄이 한창이면
지금 상상하는 찔레가 갯바람에
묘하게 흩날리고
유년의 일들부터 다시 살아볼 테다

그러는 오늘 한낮
선경仙境의 꿈은 급히 깨고
찔레꽃잎 따서 입에 넣어버린다
아
그 꽃잎 한번 질기다

전설 앞에서
―중국 안양의 거리에서

낡은 도시에도
어김없는 시간을 찾아
해가 뜨고
그 해로 하루를 살고
혀끝에 날카로운 향신香辛을 키워낸다

이곳 사람들이 살아가는 일에
하루 정도야
마른 대지에 가뿐히 앉은
대륙의 흙먼지 같은 일처럼

사람들은 저들끼리
역사를 만드는 방법을 알고
터득하고 배운다

대륙의 거리는 하늘이 열린 폭만큼 넓어져 있고
여기 플라타너스
회칠한 밑둥에 국적國籍을 새겨 넣고
전지剪枝로 자유로운 가지
거리만큼 이고 있는 하늘로

성성히 뻗어낸다

안양의 들판은
강나루 없이도
밀밭이 황황皇皇한데
어디서 숨어 있던 바람
이 밤 기록에
낮은 야유를 한다

기록에 앞서지 마라
역사는 지금이 전설 아닌가

은수銀秀야

붉다가 푸른 잎 사이로
익어가는 우주
날마다 꽃이 되어간다
꽃이 뭉글게 봉오리를 만들고
여린 잎이 날마다 넓어져가며
내는 소리들이
사람들 속에서 들린다는 아이
꽃이 피고 지는 일 속에서
생명이 운행하는 소리를
받아들고 해독하는 일로 하루가 바쁘다
나무 속에서 아이가 저를 닮은 우주를 만들어간다
그림처럼 꽃처럼 바라보다가
문득 멀어진 기척에 불러본다
나무 속에서 대답하고 얼굴을 내미는
카라 한 송이
목소리가 맑은 바람 소리를 낸다
아득한 일깨움을 소망하던 날 중에서
원리를 품은 작은 우주는
내가 만들어낸 규칙으로
낡고 두꺼운 생각 속으로 들어서고 있다

우리 집 밤 풍경

새 한 마리가
바다를 지난 냄새를 깃 속에 넣고
철을 맞춘 경계로 날아온다
문득 또 한 마리
힐끔대는 자유로
한 철 기다린 품으로 오고
지상에 집을 찾는 일들로
심오한 시간
분주한 몸짓에 혼곤하다
또 한 켠에
밤을 당기고 밀어내는 사람
노곤한 시어 몇으로 그 틈에서
유희로 젖어 있고
담 넘고 마당 지난 바람이
잦아들 수 없는 둥지에
유랑의 시를 쓴다

어느 아침

검푸른 산
조심스레 다가서더니
이 정도면 만 가지 마음 풀 데로
정해주면 어떠냐 물어온다

점점 커져오는 산
소용없이 밀어내고
자고 나도 어김없이
나는 날마다 우울을 흉내 낸다

잊고자 하는 일은
때론 조각이 되었다가 그 조각이
수많은 보도블록 밟아가는
시끌한 행보가 된다

해가 바뀌었다
이런 날들 아침에는
동공에 누워버린 밤새운 흔적들조차
타닥디닥 태워버려라 했다가
산하고 시작한 이야기는 없다

눌어붙은 기억에 실금이라도 갔을라
깊은 골짝 성긴 돌담이 그러하듯
실금 사이로 이 우울이 배어들기를
또 흉내를 낸다

공작孔雀

엄살도 심하다
멀어지면 보내면 될 것을
자꾸만 깃을 펴면 길이 가려지는데
갔다가 돌아올 징표 하나 남기는가

단아한 비취 깃털 세우면
흐린 시각 속에 등불 하나 밝히고
병든 입속에 맑은 침이 괴던 때

무슨 일로 가슴 한 켠이 터져 버렸을까
귀퉁이를 막고 서서
칠흑漆黑을 발라 가리는 동안
발로도 못 가린 곳에는 애석한 시문詩文이 흘러간다
분노할 겨를도 없는데
슬픔조차 칠흑에 섞여 버렸다

돌아오는 길을 기억하는가
손잡아 주지 않아도 습관처럼 돌아올 수 있겠는가
달 지고 꽃도 마른 고문의
빈집을 지키고 있으면

그대 잠시만 눈 감았다가
벼락같이 뜨겁게 안아 줄 수 있겠는가

낱낱이 끊어진 깃에는 원형의 인연을 새기고
금빛 부리로 연서를 채워가는
청동의 등을 펴고 꽃깃이 곧은 그대는
찬란한 공작孔雀

이대로 홀연히 갔다가
무성한 세상 다 잊을 때쯤
시린 바람만 드나드는 그곳에
선연한 반원으로 다시 깃들어 오겠는가

붉게 아리는 심장

땅속에 온 것은 아니다
고스란히 몰고 온 흙내를 마주하고
심장이 아픈 나는
그 안에 누워 점점 숨이 멎어가는
엄마를 따라나서던
어린 영혼을 돌려받은 듯하다

옹이까지 담박한 나뭇결이
쪽빛 바다를 이미 물들이기 시작하고
두고 온 어린 잎사귀를 돋우는 둥치는
산통의 희열을 뱉어 내고
물내 나는 품을 가진 나무 속살에는
긴 세월 흥건하다

맑게 비트는 소리로
은근한 무스크 향으로
나무는 나무 사이에 누워
서로의 태생지를 묻는다

가는 바람 소리 같은 언어
늙은 예술가는 아는지
쇄골이 휘어지도록 안아 올려
움이 남은 나무에게
달달한 말을 건다
아무것도 할 수 없는 나는
붉게 아리는 심장을 꺼내
결이 제일 고운 나무 사이에 두고 온다

위 로

그대는 힘없이 늘어진 겨울 산
찾아오던 이들의 흔적도 지우고
왁자하던 일마저
잊어야 한다 말갛게 씻어야 한다
말로만 잊었던 사람 다시 떠오르고
눈짓으로 돌아누운 자리
잡초 같은 앙금이 눈을 뜬다
잊었다는 거짓말이 거리로 쏟아진다
기억나는 일이라고는
손을 잡고 놓고 눈물 흐르고 마르고
뒤섞인 흔적들은 저절로 꺼지는 불꽃이길
바보 같다 나는 바보 같다
마음만 바쁜 독서에 온갖 낱말은
정신마저
열기 섞인 채 한숨만 내쉰다
뒤꼍에 선다
하늘이 옅게 발목에도 내려 감긴다
무엇을 할지 겨울 산
작은 소리에도 귀를 대라 이른다
밤낮 와서 기대 보라 말한다

지금 늘어진 이 모습은
단잠 자는 중이라 읊조린다
나를 겨울 산이라 가장한다

번제燔祭

상서祥瑞롭지 못합니다
문밖으로 자아自我가 사라질 때에야
흐린 시력이 여름 소나기처럼 돌아왔습니다
시작부터 모르던 일
한 번도 고개 들어 보지 못한 것은
이미 돌아와서 변명하는
깊은 꿈에 든 탓
꿈은 지독하게도 바람을 타고
심한 멀미로 남았습니다
불편한 위반에 번제燔祭로 바친
상실

숨기고 가리다
품고 감추다
담고 훔치다

나는 흡입하지 않았고 삽입하지 않은
그 중간의 입장에서
날마다 이별하는 연습만 하였습니다
누군가 도둑맞은 시간이 느껴지는 날에는

비상구가 어디쯤 있는지 눈을 빛냈고
잃을 수 있는 것과 버릴 수 있는 것을 헤아렸습니다
금기가 거느리고 들어온 아찔한 지혜
초저녁 여름이 오면 생각이 껍질을 벗는 소리
모호한 반성을 합니다
오만의 꿈은 멀리 달아났습니다

엿들은 이야기

꽃비 뿌리는 나무에게
땅속에서 올라오던 사연을 듣고 싶어
하얀 빗물이 얼룩진 길을 지나
잎도 없이 꽃을 단 나무 앞에
바삐 섰는데

나보다 먼저 다녀간 흔적

젖은 이야기를 끝내고
울음을 삼킨 자국이 있다
12월 바람에 몸을 떠는 것 같은
거친 호흡이 배인 수피에
핀 이야기

이미 권태로운 일상에
사람이 부빈 자리 같은 열꽃이
피어 있다
나무에게 빈틈없이 빙의된
먼저 다녀간 그녀
목덜미에는 꽃잎 얼룩이 지고

나보다 먼저 몸살을 하고 있어

시대숨결
―안동安東 다녀오는 길

소백 솟을대문 지나면
내 만년晩年에 꿈꾸는 집터 같은
정기가 흐른다
도산陶山 잦아든 굽은 산길에
단풍도 수려히 유림儒林을 수놓았다

옛사람 이부자李夫子께
문안을 여쭙고
운영대雲影臺 발을 적신
맑은 물에 눈을 씻는 날

공맹孔孟을 이어 온
창창한 청솔들
이미 무이산武夷山에 닿고 남아
나는 추로지향鄒魯之鄕 앞에서
청솔가지 하나라도 뻗고 싶다고
숙연한 욕심도 부리고

얻지 못하고 하지 못한 일로
새벽까지 추진 가슴
낡은 연잎 담은 정우당淨友塘이
일생을 느긋하게 완상玩賞하랴
꽃 보는 일도 공부라 손을 이끈다

시습재時習齋 나뭇결에
서툰 상상으로 그 시대를 짚어보고
어렴풋이 숨결도 느껴보다가
걸음 바쁜 여정에
배롱꽃 그늘이 반듯한 고택의 밤은
상상으로 새워본다

구름 둘러싼 품새 좋은
산 아래 고택 사이로 돌다가
이런 계절 맘 설렌 일로
긴 세월 돌우물
열정洌井 맑은 물이 정신까지 닿다

상덕사尙德祠 문 앞에서
갈바람 닮은 얼굴 퇴계를 뵙고
청빈한 일상에 생전 모습 스치는데
땅 아래 산이 엎드리듯
겸허한 군자로 살다 가신 이치
흉내라도 내려거든
이곳 강변에 초가 한 채
데려오라 손짓한다

다시 올 수 있을까 저 솟을대문
그 앞에서 옛 님은
하얗게 손짓하는데
나는 왜 도산陶山의 안에서
벌써부터 그립기만 할까
나는 왜 지금까지
이리도 미욱키만 했을까
든든한 산맥이 저리 놓여 있으니
돌아 돌아 다시 와서 깨달을 일이다
다시 봄이 오는 날에도

2012. 가을에

어떻게 하지?

새처럼 가볍고 싶다
높고 낮은 나무에 마음대로 올라앉아
중심을 잡고 바람 속에 서 있는 새
얼마간 시간이 지나도 흔들리지 않다가
무성하고 고달픈 곳을 벗어난 새 한 마리

자고 나도 굳어 있는 발바닥을 만지다가
문득 설움이 차오를 때
분명 지금 누운 자리가 불편한 것이다
태아처럼 잠을 자는 새
바람이 곁에서 안아주겠지
나는 몸보다 큰 발도 내지 않고
깃 속에서 보드랍겠지

가볍게 날아서 떠올라
먼 하늘에 점처럼 멀어지는 비행
무거운 어깨에 긴 팔을 달고 걷는
원시의 슬픈 눈빛이 종종 되는 나는
마른 잠을 깬 창 너머에 쾌활하게
지저귀다가 비상하는 저 새 한 마리
쫓는다 마음에 눈을 달고 쫓는다

여자 혼자서

장미 가시를 손으로 따 내다가
장미가 잘라져 온 밑둥에서 또 자라고 있을 곳에
이 꽃과 똑같은 꽃을 상상한다

가시를 보고 반가운 듯 스며 나오는 피
한참을 본 그 모습에
시작도 없던 통증이 끝나 버리고
미처 닦지 못한 붉은 피만
구긴 화선지로 돌돌 말아 감춰 준다

피로 흥건한 종이를 펴니
온몸에 스민 통증이 붉은 꽃이 되고
비로소 통점痛點은 손끝이 아니라
물과 뭍이 모인 가슴 한복판 어디쯤

조류가 거칠다

아픈 척만 하는 그는 가고
아직도 어디가 아픈지 모르는 꽃

존재의 평이平易한 놀이

등 뒤에서 옷깃을 세워 흘겨보든
입술을 비틀어 한 숨 입김도 아껴 체온을 높이든
걸림 없이 스치고
기류氣流의 순리대로 할 일을 하는
그저 겨울바람이고 싶다
편히 앉은 자리에서
목적도 없이 다가서는 이와 눈웃음도 나누고
입술만 달싹여도 말이 들리는 거리에서
코끝에 달린 공기로
오늘 아침 향기가 달라졌다고
한가히 말하고 싶다
간혹 손가락으로 볼을 스치거나
발끝으로 툭 툭 심장을 건드리면
봄볕에 산란散亂하는 물빛 같은
신호를 받아가면서
일상의 한 켠에서 묘절妙絕히 놀고 싶다

어둠이 발밑에 서성이는

사랑이 식어가는 진동을 느끼는 날들 중
전화를 끊고 난 오늘 저녁은
잦은 칼날 같은 스침에 기어이 속이 쓰리다
칠월의 바람은 곱게도 녹음 사이로 일랑이지만
바닥에 가까운 심장
습도가 높다
적요한 어둠이 발밑에 서성이는
낮보다 잎이 선명한 나무 아래로
후다닥 몸을 숨기고
쓰린 위장을 보이고 결이 틀린 숨을 뱉으면
푸른 즙을 짜낸다 나무가 말을 한다
푸석이는 흙길같이
닳고 닳은 정수리에 부어주는
고약膏藥보다 진한 위로
울어야 아물 것이다 울어야 잊을 것이다
밤에도 녹음을 만드는 칠월이 준비한 일

5부

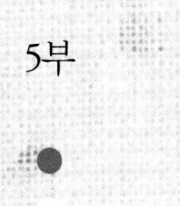

하루 이야기

흔한 이야기로
하루가 참 길다고 이야기하다가
마른 꽃덩이 여물게 달린
차가운 오동나무 끄트머리에
굴뚝새 모여들 때쯤
야윈 얼굴을 씻는다
얼굴을 만지는 동안에도
내가 아닌 내가
세숫물 속에서 울고 있는데

그 사람은 한동안
봄이 지나는 동안에는 길을 벗어난 곳에서
글도 그림도 잊는다 하였다

여기 봄 지나고 여름 올 때쯤
그 사람은 오동의 빈 나무에
무성히 성하로 덮이고
라일락 향기로 몽근히 스미기를
기도처도 아닌 곳
아무 곳에서 혼삿발을 하다가
처음 말문 열던 그 골목에 간다

사랑 · 1

풋잠 속에 설핏
들어오던 얼굴
당신은 정병에 꽂힌 꽃입니다
눈 감고 길을 가도
등불로 오는 그대

사랑 · 2

어디서 들은 적 있는 말 그런 말을 찾다가
그것은 사람과 하늘이 나눠 가진 성품이라 하였다
격조 높은 성품이라 다시 고쳐서 적어보다가
반은 이해가 되는데
또 그 반은 말을 나눌 수 없는 하늘
때때로 모습이 다른 하늘이라니
알만도 한 그 속
끄떡없는 모습에 그러나 하늘은 하늘이지
무엇이 스쳐가든 어디로 가는 사연이든
품어 보내고, 흘러 보내는
그런 속을 닮아라
그것이 하늘 같도록 마음을 닮아라 그 말이지
이쯤이면 이제는
그 말뜻 하나와 혀끝에서 구르는
맑은 침 고이는 발음 하나로
하루를 맛깔나게 보낼 줄도 아는 나이가 되었다
그래도 불쑥 기대하는
나의 이기심

이미 불혹을 넘기었다

사랑 · 3

어지럽고 혼란스런 시 한 편을
부끄럽게 써 놓고
시보다 좋은 제목을 찾다가
기어이 적는 말
꿈속에서도 적은 글이라고
꿈인지 모를 이야기에
심장을 덮어오는
깊은 한탄 같은 글
참 어둡고 깊은 꿈이었구나
한 잠 더 자고도
마음먹은 대로
적을 수 있는 제목인지
다시 눕는다
눕기도 부끄러운 방
이미 해가 밝게 스몄다

절반의 늪

눈이 먼 밤 따위를 보내는
목적 하나로 잠을 잔다는
저 까다로운 피사체 하나

햇살이 수평을 고를 즈음에야
가난한 커피 한 잔으로
먹을 갈 마중물로 삼고
붓을 들어 느리게
매화 한 그루
누추한 문 앞에 심는다

씻어내는 틈도 없이
그 붓 하나로
오래도록 잊지 말고 길게만 머물기를
주술 같은 먹빛으로
글씨을 적는다 새겨 넣는다

숨을 참고 손목이 굳어가는 동안
배엷한 문장 하나가
툭 떨어진다

이래도 떠나겠는가 사랑아

늪이 배경 없는 주변으로
뜰에 안배된 모란처럼
서 있기로 한다
나는 그 주술에 딱 걸려 버렸으니

봄의 한계

행간이 분명치 않는 시간쯤
잘 맞아떨어지는 어감
마지막 사월이
흥건히 놀고 있다

어느덧 시작된 발진
부풀 대로 부푼 마흔의 살갗에
안절부절한 수포가 위험하다

'저 산에 봄 좀 봐
소연騷然한 마음 잡기에
저만한 데가 없지'

연두가 녹아내린 산허리에
꽃마저 연하게 물들어
소생을 끝낸 찬란함에
진하게 덧난 생채기도 아물어 간다

한계 하나를 넘긴 뒤
또 네 목이 거만해진다

다시 고여 들어올 봄은 어쩌겠는가

서늘한 아침

아무도 지나가지 않았을 거리에서
문득 커피 냄새가 났다
누구라도 걷거나 달릴 길 위에서
시간은 커피 냄새를 흘리고 지났나 보다
이 길에서 가인도 잃어버리고
텅 빈 몸 하나에 적요는 무섭게 들이닥쳤다
길을 묻는 한 사람만 만난다면
내가 채집한 몸짓만 할 것이다
아침을 벗어난 시간에서도
툭 스치는 연습을 하며
문 앞에서 멈추었다
더 이상 난삽難澁하지 않아
상처를 상처라고 억지 부리며
흉터를 걱정하며 아파하지 않겠다
인연 몇을 문 앞에서 보내버리고
문을 여니 커피 냄새가 따라 들어온다
오늘도 담을 넘는 절창
촘촘한 몸속 세포가 봄처럼 일어난다

산 모퉁이에서
―중국 태항산에서 만난 사람

언젠가 한번은
이끼도 마른 돌집
켜켜이 돌 사이 낀 세월을
꺼내 주어야지

산그늘 눌러앉아
그루터기 같은 사람
지나는 길에 본
절대 고독의 눈빛

녹음에 묻히기 전
차창으로 불러들인
저 심연의 언어

그대 어디로 가는가

바람이 분다
들뜬 돌 틈 사이에
급하게 새겨 넣은 약속

여기 수많은 나무처럼
그대 살아 있으라
돌 먼지 모아 만든 밭에
그대 빈약한 양식이
낟알 영글 그날까지
그대 숨 쉬고 있으라

보는 것마다

평생에 해 보지 못한 사랑이
가로수 아래에 풀꽃으로 자라 있고
열렬했던 흔적으로
밟히고 뽑히려던 상처도 있다

상처 입은 풀 속에 가만 보니
어린 꽃이 꽃술도 달고
꽃부리 영롱하게 바라보는데

하찮은 잎이라도 초록이 진한데
위험한 발길에 남은 잎도 질까
옹크린 모습에 절절한 동정이 인다

아껴둔 빈티지 토분에 옮겼다가
두고 보는 풀꽃 애상미가 남다르고
가로수 아래 붉게 패인
풀꽃 있다 온 자리가 선연한데

문득 스치는 생각 하나에
부정한 맥 하나가 뛴다

사람 진 자리에 자라던 풀꽃이 아니던가

시월, 마지막 날

땟물이 흐르는 낡은 건물
가을은 빗물을 가장하고 낙엽 서넛 업어서
벽을 흘러내린다
푸른 계절은 쉽게도 무너진 듯
인사할 겨를도 없이
푸른 잎맥이 뭉개진 채
탁한 연못에 곤두박질하고
먼저 온 여유는 찾을 수 없다

머물러야 알맞은 일이라고
단순한 이치 정도야 거역할 수 있게
보기에 좋도록 안배된 욕망을
온순하게도 사람들은
자연스레 내 것으로 만든다

흩어진 시간의 비율이
흥건히 젖어 포개지고
한풀 꺾인 서정을 흘리면
손질 잘한 말들 사이로
혼돈의 인격들 사이로
계절은 켜켜이 비집고 내린다

숲에서 필적을 만나다

가슬가슬한 손등이 하얗다
초록색 핏줄이 선명해지면
핏기가 없어진 손톱에는 연분홍 살갗이 비친다
미세한 실핏줄도 없이 눈동자는 맑다
유약해진 발목에 단정한 숲길이 걸린 오늘이라면
푸른 그늘이 무성한 중턱을 넘어가는 산길에 가야지

얼비치는 햇살이 바래진 얼굴을 훔쳐본들
끝내 새겨 넣지 않은 불온한 이끼를 알고 있다
너는 자연의 밖 나는 가장 안전한 자연의 속
이중률의 규칙 앞에서 당당히 걷는 길

머리카락 목덜미로 기분 좋게 감기고
느린 걸음 맞이하듯 흙길이 보풀 없이 숨을 죽이면
은은한 필적이 따라오는 소리
맑고 낮은 시 한 편 알맞게 적고 있다

볕

이런 날에는 복술卜術이 묘한 곳에 가서
잡초 덤불 속보다 풀 내 진득한 이에게
꽃이 지다 생긴 푸른 가슴을 열어 보이고
공단의 빛깔 좋은 고약을 귀하게 얻어 붙인다

생채기가 가려지면 비로소 푸른 멍 든 가슴 안에는 시린 말들이
시어로 꼼지락거리는지 등을 타고 내려와
꼬리뼈 가까이 내려오는 기척에 처음부터 그러고 싶었다고
변명을 하는 나에게
건조하고 노련한 해답이 떨어진다

자리를 벗어나야 앉은 곳을 보지

바랜 색깔만큼 눈은 채도에 익숙해지고
고여 있는 동안 시간은 힘이 커졌다
거만하게 커진 나무둥치를 거칠게 뽑아내고
웅크린 나를 묘목처럼 앉힌다

파장이 긴 볕이 비로소 감미롭다
빠르게 죽어가는 미생물에게 삼가
우울한 시간을 건네주고
종이 냄새 그득한 자리 하나 차지하고
가장 담백한 글을 써 내려간다
지금까지 나와 싸운 적막이 용이하게 쓰이는 시간

생활혼곤生活昏困

삶이 섞인 미세한 공기에
들숨과 날숨을 혼돈하고
또다시 들이켜는 기억
통증은 생채기가 되어
공생한다, 내게 불리한 증언

날이 갈수록 심장은 커져가고
볼 수 있는 하늘은 작아진다

머리를 대야에 담근 채
등도 펴지 못하는 나는
오지의 깊은 숲
벼랑을 만난 것처럼
저린 발끝을 하고 있는데
지금이라도 짙푸른 이 비원에서 빠져나갈
방법은 묘연하다

푸석해진 머리카락이
벌컥이듯 물을 빨아들인다
갈증 나고 안달 나던 마음은
길고 검은 머리카락에 줄줄이 달려 있다가
머리 감는 물에도 요동을 친다

상상화想像畵·3

떨어지지 말고 꽃대에 동동 피어만 달라고
꽃잎 지는 아래서 바람만 일으키던 나는
지고 나면 기어이 그곳을 따라가고 싶다
돌아보지 않고 바삐 가는 뒤를 따라가다가
혹시나 나도 꽃이 되고 잎 지는 비밀을 알 수도 있을 테니

바람 몇 점 옆구리에 끼고 가면서
떠나는 것에 서툰 행적을 지우게 하고
아무도 오지 못하게 안개도 흩뿌리면서
떠나는 꽃을 따라가고 싶어

가다가 시든 나무도 만질 테지만
바위에 걸리고 흩어진 시야에
낮은 바람처럼 울기도 할 테지만
꽃과 같이 잠도 자고
나는 맨살이 패이도록 낯선 길을 가는

소스라치도록 기적을 앞에 두고
눈물 뚝뚝 흘리는 꽃
겨울을 밀어내고 봄을 당겨오는
꽃 속에 까만 씨앗을 품고
마침내 지고야 마는 붉은 꽃

막둥이에게

다산茶山의 별과 같은
내 아이 하나가
큰 나무가 외로운 학교 마당 가운데서
언뜻 맡은 우리 집 냄새에
집을 떠난 수년을 손꼽아보고
집에 온 몇 날을 꼽아보는 모습
키가 크고 손이 커져도
탯자리 찾는 어린 본능에 너를 껴안는다
그 옛날 다산의 만월滿月과 같은 아이
설거지하는 뒤에서
중얼중얼 내가 그랬노라고
신기한 경험인 듯 말하는 아이
그래, 아들아
너도 엄마 시를 읽고 있어
저녁놀 짙은 하늘을 올려다본다
푸른 논길을 걸어 풀내 나는 골목을 지나
산 닿은 집에 가는 생각에
갑자기 우주 속에서 부르는 목소리에
그렇게 너는 목이 잠기고 눈앞이 흐려졌구나
돌아서지 못한 어깨에 붉은 통증이 온다

■ 정소란 첫 시집 《달을 품다》 시세계 해설

카타르시스, 생기발랄한 포에지

차영한 시인·문학평론가

■ 정소란 첫 시집 《달을 품다》 시세계 해설

카타르시스, 생기발랄한 포에지

차영한 시인·문학평론가

1. 일상성과의 우연 일치

　무의식의 그림자가 드리운 어떤 날의 포착들이 다가와, 그 개별성을 찾는 경계에 서 있는 또 하나의 그림자를 보는 듯 파루罷漏의 종소리가 해조음에 겹쳐 들리는 몇몇 작품들을 대견한다. 어디서 만난 낯익은 시들의 기법에서 일탈하는 신선함이 관심을 끌고 있다. 바로 정소란 시인의 독보적인 개성이 돋보인다. 말하자면 정소란 시인의 시가 갖는 풍경은 상실하지 않으려는 한 여인의 치맛자락에서 우수를 엿볼 수 있다. 엄연한 현실 속의 삶을 통해 찾고 있는 패러독스들의 내러티브는 새로운 전제를 내깔고 있다. 회귀본능적인 대상을 관념적으로 표출하고 있다. 그 시어들이 우리가 늘 쓰는 일상성에서 비롯된 상상력이지만 생기발랄한 포에지다. 그럼에도 그의 겸허한 자세는 2003년 4월 월간《조선문학》(통권 144호)을 통해 등단한 지 16년에도 크게 외표하지 않고 항상 신인 같은 청순한 자태 그대로다. 후배들과 노닐 때 오히려 선배가 후배처럼 몸짓하는 것은 성격 탓만 아닐 것이다. 따라서 그의 시들은 그의 안이한 대답처럼 일상의 삶 안에서 찾아내는 상상력을 통해 창작활동을 하고 있는 것 같다. 그러나 언어 구사력은 비범한 개성적인 시인임은 틀림없다. 말하자면 그가 추구하는 시의 창작은 일상성과의 우연일치에서 얻은 것 같지만 화살처럼 쭈뼛한 것에 찔린 아픔(상처), 즉 풍크톰punctum이 있다.

2. 홀로그래피·크라틸리슴 기법 구축

마치 카메라 앞에 놓이는 조화된 상태를 화면 내의 모든 것이 연기하는 미장센Mise-en-Scene 같거나, 3차원의 영상을 뜻하는 홀로그래피Holography적으로 형상화하면서, 시니피앙과 시니피에 관계의 동기화를 시도하는 크라틸리슴cratylisme적 기법이 엿보인다. 그러한 기법은 본인도 모르게 도달되기까지는 정소란 시인의 시력詩歷이 말해주고 있다. 벌써 중견시인의 성숙함이 뒷받침해주고 있는 것이다. 다시 말해서 이미 지적되고 있는 그리움도 상상력으로 볼 때 행간 시어詩語의 활보는 남다르기 때문이다. 어릴 적부터 아름다운 상처가 달을 품고 함께 살고 있었는지 모른다. 파닥파닥 뛰는 통영멸치의 태깔과도 같다. 바다와 달로 하여금 둥근 연결고리 되어 사는 그녀의 깊은 트라우마와 우연일치가 빚은 결과물일 것이다.

　날마다 생각해 온 삶이 있다/ 그 삶은 마음 먹은 대로 와 주질 않고/ 늘 벼랑 끝이나 산꼭대기 같은 곳에서/ 푸른 유혹을 한다/ 그런 삶이 먼저 세상을 벗어난/ 내 어머니를 닮은 듯하여/ 흉내를 내려다가도/ 한 치 벗어난 생각을 하면/ (…)/ 달이라도 앞세우고/ 아쉬움 흐르는 삶/ 혹여 어머니가 갔을 길을 찾아가면/ 빗소리 시작하는 어느 시점에/ 발그레 웃고 있을 내 궁극의 오늘/ 벼랑 끝 먼 산 위에도/ 달 데려갈 길만 있겠다/ (…)

―〈나의 일상 - 달과 함께〉일부

　정소란 시인의 대부분 시편에 달이 뜨는 것은 앞에서 지적한 회귀본능에서 오는 이마고의 아우라일 수 있다. 아직도 사친思親 상실감이 그녀를 놓지 않는 것은 여린 여인의 심정이 아니라도 인지상정의 본성을 부각시키는 것은 어쩔 수 없다. 이 시에서 주목되는 것은 '푸른 유혹' 즉 달빛이 바다 빛깔과 동일시하는 어떤 훈영暈影으로 사무치는 홀로그래피Holography적 그리움을 표출하고 있다. 이미 성장과정에서 바다에 쏟아지는 달빛의 유혹에 길들여 왔기 때문에 그의 시들은 아름다운 상처로 신호하고 있다. 특히 어머니에 대한 아름다운 상처가 각별하다. 장구를 멘 어머니의 빼어난 춤을 통해 깊은 트라우마는 아마도 아물지 않은 것 같다. 어쩌면 어머니의 장구춤은 둥실둥실 뜨는 만월을 품는 모성애에서 음각되어 있는 것 같다. 미장센 기법인 '달은 희다 못해/ 바래고 성긴 광목처럼 곧 잊힐 색으로(…)―〈몽유도夢遊圖

그리는 밤〉, '하나가 벽만 한 창을 연다/ 기다린 보름 달빛이 쏟아져 들어온다―〈꿈에 꾼 꿈〉, '지난밤 살갗이 베인 듯 아픈 자리만큼/ 둥근 저 달이 이내 기울 듯합니다―〈궁극窮極〉, '〈달 타령〉, '〈달〉, 여기에 파생되는 홀로그래피 경향인 '(…)// 나는 언젠가 달 속에 있던 사람(…)/ 경계도 없이 비춰주던 저 달이 아마도/ 그날 함께 있던 달인가 싶고/ (…)// 달 속에 심은 오동나무 뿌리가 자라―〈내가 만난 사람〉' 외 시작 13편에 있는 달을 합하면 열아홉 편이나 떠 있는 달은 각각 낯선 배경을 깔고 있다. 그렇다고 단순한 멜랑콜리아적 노스탈쟈(라틴어)라고는 할 수 없지만, 환각과 현실경계의 그림자처럼 생톰sinthome적이다. 문제는 누구나 원용하는 초기의 공통적인 시어들은 한국 시단의 한 행태를 벗어나지 못한 것에서는 한계의 아쉬움은 없지 않다. 그러나 시어들이 놓일 때의 제자리에 최적화의 따리기법은 생기발랄한 포에지를 구축하여 카타르시스를 갖고 있다.

3. 처음과의 생경한 충돌로 아름다운 상처 재현

처음은 낯익은 듯이 낯설기 때문에 생경한 충돌들은 아름다운 상처로 깊이 새겨진다. 따라서 그녀의 시편 중에,〈고백, 매화나무 아래에서〉,〈헛말처럼 무너진 산 - 추모追慕〉,〈탐매도探梅圖〉,〈신격몽요결新擊夢要訣〉,〈고전古典을 읽다가〉,〈백아절현伯牙絕絃〉,〈문리文理가 트이는 집〉,〈대외비문서對外秘文書〉,〈황진이 연가戀歌〉,〈사친가思親歌〉,〈무릎에 누워〉,〈그 섬에 가는 꿈〉,〈번제燔

祭〉, 〈절반의 늪〉 등등은 그때의 사건들이 음각으로 꿈틀거리고 있다 돌아와서 재회하고 있다. 마치 무의식이 의식으로 위장하여 이성적인 것처럼 낯설게 하기를 충동질한다. 시의 본질을 파동시킨다. 그렇다면 정소란 시인의 시는 이미 경지를 극복하고 있는 것이다. 상당히 노련하면서 긴장 시의 패턴으로 중견시인 수준을 넘어서는 것 같다. 필자가 읽을수록 시를 쓸 수 있는 당당한 풍모를 엿보여주기 때문이다.

눈이 먼 밤 따위를 보내는/ 목적 하나로 잠을 잔다는/ 저 까다로운 피사체 하나// 햇살이 수평을 고를 즈음에야/ 가난한 커피 한 잔으로/ 먹을 갈 마중물로 삼고/ 붓을 들어 느리게/ 매화 한 그루/ 누추한 문 앞에 심는다// 씻어내는 틈도 없이/ 그 붓 하나로/ 오래도록 잊지 말고 길게만 머물기를/ 주술 같은 먹빛으로/ 글씨를 적는다 새겨넣는다// 숨을 참고 손목이 굳어가는 동안/ 배열한 문장 하나가/ 툭 떨어진다/ 이래도 떠나겠는가 사랑아// 늪이 배경 없는 주변으로/ 뜰에 안배된 모란처럼/ 서 있기로 한다/ 나는 그 주술에 딱 걸려 버렸으니

―〈절반의 늪〉 전부

이 시의 제목은 '늪'이라는 낡은 제목이지만 에스프리에서 새로운 시세계를 펼치고 있다. 무의식 층위를 통해 형상화된 작품이다. '붓을 들어 느리게/ 매화 한그루/ 누추한 문 앞에 심는다'에서 실재하는 늪은 보이지 않고 그 늪이 생동하여 매화를 심는다는 것은 무의식세계만이 갖는 기법이다. 그것도 '커피를 마중물로

하여 붓을 들어 심는다는 것은 절대현실을 보여주고 있다. 초현실주의란 절대현실이기에 이 시는 시니피앙과 시니피에 관계의 동기화를 시도하는 크라틸리슴cratylisme적 기법으로 초현실주의적 경향시의 통로 앞에 서 있는 것 같다. 흔히들 초현실주의시가 아닌데도 어떤 시들을 초현실주의 시라고 내세우는 것을 간혹 볼 수 있는데, 일본식 초현실주의를 섭렵한 인과설정因果設定의 오류誤謬임을 지적할 수 있다. 그렇다면 정소란 시인은 앞으로 초현실주의시를 쓸 수 있는 가능성이 엿보인다 할 수 있다. 여기서 지적해두고 싶은 것은 기행시紀行詩들이 몇 편 있는데 요새 시편들의 경향은 기행시에 높은 관심을 갖고 있다. 따라서 정소란 시인의 기행시는 상당한 수준으로 섭렵되어 돋보이고 있다. 그러나 기행시는 현장감 넘치는 감성과 함께 구체적이어야 한다고 본다. 앞으로 정소란 시인의 시집들에 대한 기대는 철두철미한 분석비평이 뒤따라야 본인이 살아남을 수 있을 것이다. 필자가 미리 지적하는 것은 더욱 분발하는 기회를 드리기 위함이다. 성취를 위한 앞으로의 기대가 크다.

4. 직관을 통한 상상력의 경이로움을 추구해야

모든 창작은 메타포라를 통해서야 이뤄진다고 볼 수 있을 것이다. 신변잡기적인 기록, 속된 노래인 파리巴俚적인 시들, 다시 말해서 보이는 그대로, 느끼는 그대로 열거하는 것은 예술성이 전혀 없는 기록에 불과할 것이다. 특히 감성으로 호소하거나 목적

문학이 되면 거기에 한정될 것으로 생각된다. 이미 지적되어오지만 모든 예술은 대상과 관념을 통해 형상화된 직관에서 전혀 다르게 빚어져야 한다면 상상력은 꿈의 배꼽에서 만나야 할 것으로 본다. 따라서 현대시는 안빈낙도이거나 음풍농월吟風弄月적인 유약성의 테크닉은 이미 퇴조된 작품일 수 있다. 낡은 것에의 명맥 잇기 명분은 될 수 있으나, 현대문학의 도도한 흐름에 고인 물은 썩고 말 것이다. 그러므로 상상력의 관조가 우주적일 때 새로운 신화가 창조되는 것이다. 신神은 새로운 쪽에 존재하기 때문이다. 모방적이거나 안이한 노래는 이미 사라진 지 오래다. 이제 시는 단순한 노래에 그칠 수는 없다. 고정관념에서 탈피해야 한다. 바로 발작적인 아름다움을 추구해야 할 것이다. 그렇다면 정소란 시인은 고독과 외로움을 잘 겪어왔기 때문에 그의 근작시편에서 바로 독창성을 증명하는 실험 시 몇 편에서도 상견되고 있기 때문에 따뜻하다. 앞에서 간략하게 지적했지만 이미 나르시시즘에서 탈출하려는 시도가 엿보이고 있다.

컴패션Compassion에서의 일탈도 멀지 않은 것 같다. 고독한 미지의 세계로 나아가는데 시의 본질을 관통하려는 몸부림을 전제하는 것은 다행이다. 하나의 예로, 그녀의 시편들 일부는 낯설게 하기 진행형이기도 하며 마침표가 없는 것에서도 주목되었기 때문이다. 플라톤이 지적했듯이 시는 '한곳에 머물지 않는 움직임'이라고 할 때 감각 너머(여기서는 한가운데임)에 있는 시세계를 탐색하는 절대 용기가 필요하다.

이 도서의 국립중앙도서관 출판예정도서목록(CIP)은 서지정보유통지원시스템 홈페이지(http://seoji.nl.go.kr)와 국가자료종합목록 구축시스템(http://kolis-net.nl.go.kr)에서 이용하실 수 있습니다. (CIP제어번호 : CIP2019020746)

달을 품다
정소란 시집

펴낸날	2019년 5월 20일
지은이	정소란
펴낸이	오하룡
펴낸곳	도서출판 경남
주소	창원시 마산합포구 몽고정길 2-1
연락처	(055)245-8818, fax.(055)223-4343
블로그	gnbook.tistory.com
이메일	gnbook@empas.com
등록	제1985-100001호(1985. 5. 6.)
편집팀	오태민	심경애	구도희
ISBN	979-11-89731-13-7-03810

ⓒ정소란

*잘못된 책은 바꿔 드립니다.
*저자와 협의 인지 생략합니다.

〔값 10,000원〕